IÉNA
ET
MARS-LA-TOUR

ÉTUDE MILITAIRE

PAR

le Commandant F. BONNET DES TUVES

PARIS
LIBRAIRIE MILITAIRE DE L. BAUDOIN
IMPRIMEUR-ÉDITEUR
30, Rue et Passage Dauphine, 30

1891
Tous droits réservés.

IÉNA ET MARS-LA-TOUR

ÉTUDE MILITAIRE

PARIS. — IMPRIMERIE L. BAUDOIN, 2, RUE CHRISTINE.

IÉNA

ET

MARS-LA-TOUR

ÉTUDE MILITAIRE

PAR

le Commandant **F. BONNET DES TUVES**

PARIS
LIBRAIRIE MILITAIRE DE L. BAUDOIN
IMPRIMEUR-ÉDITEUR
30, Rue et Passage Dauphine, 30

—

1891
Tous droits réservés.

IÉNA ET MARS-LA-TOUR

ÉTUDE MILITAIRE.

« Lisez et relisez », a dit Napoléon, « les campagnes des grands capitaines, d'Alexandre, de César, de Gustave-Adolphe, de Turenne, de Frédéric le Grand, c'est là que vous apprendrez l'art de la guerre. » Nous avons aujourd'hui une mine bien autrement précieuse, ce sont les campagnes de Napoléon lui-même. Tandis que les anciens historiens ne nous ont donné sur les actions de leurs capitaines que des récits incomplets, tandis qu'on est obligé de deviner par des rapprochements, des commentaires, les points les plus importants de l'histoire militaire, qu'on est sans cesse forcé à des inductions plus ou moins justes pour se représenter les faits dans toute leur réalité, tandis que César même et Frédéric le Grand ont laissé dans l'ombre bien des points difficiles ; les campagnes de l'Empereur sont illuminées de la lumière la plus éclatante. On a sur elles une abondance extrême de détails les plus circonstanciés, et, si l'on éprouve quelques embarras, il est causé par l'abondance plus que par la rareté des documents. Bien plus, tandis que les grands capitaines d'autrefois ne nous ont rien dit de leurs secrets, Napoléon a pris soin dans sa correspondance de nous donner ses maximes, d'apprécier les événements. Ses lettres nous font assister jour par jour à la conception des plans, à leur exécution ; éclairées par les correspondances des généraux, elles nous montrent sous le jour le plus vif, le plus lumineux, tous les actes, toutes les opérations, tous les jugements du général en chef. Nous pensons, nous décidons, nous ordonnons avec lui ; nous pouvons reconstituer tous les instants d'une campagne. Nous voyons le général en chef d'abord dans l'ignorance des projets et des actes de l'ennemi, les soupçonner d'abord, s'éclairer peu à peu, puis, saisi d'une soudaine illumination, les deviner. Alors les ordres, les mouvements se succèdent avec une rapidité et une sûreté sans égales; tout se précipite vers le dénouement avec une force irrésistible, et la victoire venait alors sûrement couronner notre drapeau qu'elle a tant oublié depuis.

Ah! si le maréchal Bazaine avait suivi les conseils de l'Empereur, s'il avait lu et relu ses campagnes, s'il les eût méditées longuement, qui dit que le sort des armes n'eût pas changé ! Si lorsque, le 18 août, le général de Ladmirault, qui voyait l'armée prussienne défiler par le flanc devant les magnifiques positions que nous occupions, envoyait à Plappeville prévenir le maréchal d'un mouvement si hasardé; ce jour-là, dis-je, si le maréchal eût étudié autrefois la campagne d'Austerlitz, il se serait souvenu de la fameuse proclamation et de cette phrase audacieuse qui contenait le secret de la bataille : « Et pendant qu'ils chercheront à tourner ma droite, ils me prêteront le flanc. » Ce n'était pas là seulement le secret d'Austerlitz, c'était aussi celui de Gravelotte. Qui oserait dire le contraire, quand on voit malgré l'absence criminelle du général en chef, malgré le combat purement défensif de l'armée française, malgré l'inaction des réserves et par la seule force des choses, le IXe corps prussien au centre et la garde royale à gauche littéralement écrasés. Le défaut capital de la manœuvre prussienne se trahissait ainsi malgré nous; la victoire s'offrait presque toute seule, et le maréchal chez qui l'ignorance le disputait à la paresse, laissait lâchement la fortune de la France se débattre à quelques pas de lui, payant de la plus criminelle ingratitude des honneurs, des dignités, une confiance qu'il n'avait pas méritées, entraînant la patrie dans cet abîme où il perdait son armée et son honneur, si bien que, deux ans après, il ne trouvait pas dans ses juges une seule voix pour lui.

Je crois que l'une des meilleures manières d'étudier la guerre consiste à comparer des opérations à peu près semblables, soit par la conformation des lieux, soit par la disposition des forces combattantes, soit par la similitude des opérations. La comparaison sert à éclairer les détails, à montrer pourquoi certains mouvements ont réussi, pourquoi d'autres ont manqué. Elle forme ainsi le jugement par l'analyse et constitue une étude des plus solides et des plus fécondes. A ce titre, il y a peu de batailles qui aient plus de points de ressemblance que celles d'Iéna et de Mars-la-Tour. A Mars-la-Tour, l'armée française se voyait coupée de Verdun et de Paris, comme à Iéna l'armée prussienne l'avait été de Naümbourg et de Berlin ; l'armée prussienne avait franchi la Moselle à notre droite, comme l'armée française avait franchi la Saale à la gauche du prince de Hohenlohe ; elle avait monté sur le plateau de Mars-la-Tour à travers les défilés de Gorze, comme autrefois l'armée française avait monté les défilés de la Schnecke et du Landgrafenberg ; nos soldats furent surpris par la canonnade de la division Rheinbaben, comme ceux du général Tauenzien l'avaient été par la fusillade de la division Gazan. Ce sera donc une étude utile que de poursuivre la comparaison de ces deux batailles et de voir par l'examen des détails ce qui a fait le succès foudroyant de Napoléon à Iéna et le succès plus qu'incertain du maréchal de Molke à Mars-la-Tour, et quelles sont les opérations et les mouvements qui eussent dans les deux cas pu changer le résultat de la journée.

I.

IÉNA.

Parlons d'abord de la bataille d'Iéna. Dès que Napoléon avait soupçonné que les Prussiens auraient l'imprudence de lui faire la guerre, il avait sans bruit réuni ses armées dans la Franconie au cœur de l'Allemagne, et, prévoyant que l'ennemi se porterait vers l'ouest, il avait formé le projet de descendre directement du sud au nord et de couper l'armée prussienne de l'Elbe et de Berlin.

L'opération la plus difficile consistait à franchir les montagnes et les défilés qui séparent la Franconie de la Saxe. Les opérations dans un pays de montagnes présentent de grandes difficultés. Les chemins y sont rares et mal entretenus. Il n'y a pas de voies transversales. On est obligé de traverser les montagnes par plusieurs routes que rien ne relie entre elles. Si l'une des colonnes trouve sur son chemin des forces supérieures, elle sera battue sans que les colonnes voisines puissent lui porter secours.

Il faut donc les organiser de façon que chacune d'elles puisse triompher isolément des obstacles qu'elle pourra rencontrer. Aussi Napoléon disposa son armée en trois colonnes composées chacune de deux corps d'armée. A gauche, Lannes et Augereau ; au centre, Davout et Bernadotte ; à droite Soult et Ney. La colonne du centre, où se tenait l'Empereur, avait en plus la garde impériale et la cavalerie de Murat. De cette façon, il était probable que chaque colonne pourrait se suffire à elle-même, et si par hasard l'une d'elles éprouvait un échec, elle retarderait l'ennemi par une résistance énergique et laisserait aux autres le temps et le moyen de la dégager.

L'Empereur reçut, le 7 octobre, la déclaration de guerre de la Prusse ; le lendemain les trois colonnes se mirent en mouvement. Cette rapidité était nécessaire pour franchir les montagnes avant que l'ennemi informé de la marche de l'armée eût le temps de lui opposer des obstacles. Grâce à cette prévoyance on ne rencontra nulle part de résistance sérieuse.

Le 8 octobre, le jour même où l'on avait franchi la frontière, on rencontra quelques détachements que l'on poussa devant soi ; le 9, la colonne du centre (Bernadotte), livra le combat de Schleiz au corps du général Tauenzien ; le 10, la colonne de gauche (Lannes), livra le combat de Saalfeld où le prince Louis fut tué par un maréchal des logis de hussards. Ces deux affaires ne ralentirent pas la marche de l'armée française, et le 12 ses trois colonnes marchant parallèlement au cours de la Saale, débouchaient des montagnes. La cavalerie courait en avant jusqu'à Leipzig, cherchant partout l'armée prussienne, et en trouvant partout des détachements. Peu à peu, le jour se faisait et, soit par les prisonniers, soit par les lettres, soit par les journaux, on apprenait que l'armée ennemie était réunie aux alentours d'Erfurt et de Weimar. Pendant ces quatre jours, l'Empereur se contenta de régler les marches de façon que les têtes des trois colonnes fussent à peu près à la même hauteur. Les instructions qu'il leur donna peuvent se résumer en ces mots : « Attaquez tout ce que vous rencontrerez. » Cet ordre est motivé par une vue profonde et très nette de ce qui se passait, et Napoléon nous en a donné la raison dans deux lettres dont voici un extrait :

L'Empereur au maréchal Lannes. — Auma, le 12 octobre, 4 heures du matin. — « L'art est aujourd'hui d'attaquer tout ce que l'on rencontre, je veux dire qu'il faut attaquer tout ce qui est en marche et non dans une position qui le rend trop supérieur. »

L'Empereur au grand-duc de Berg (Murat). — Auma, 4 heures du matin. — « Vous avez vu ce que j'ai fait à Géra, faites de même ; attaquez hardiment ce qui est en marche. Ce sont des colonnes qui cherchent à se rendre à un point de réunion, et la rapidité de mes mouvements les empêche de recevoir à temps un contre-ordre. Deux ou trois avantages de cette espèce écraseront l'armée prussienne, sans qu'il soit peut-être besoin d'une affaire générale. »

Le précepte « attaquer tout ce que l'on rencontre » pris à la lettre aurait parfois des conséquences dangereuses. C'est pourquoi l'Empereur ajoute : « Je veux dire qu'il faut attaquer tout ce qui est en marche, et non dans une position qui le rend trop supérieur. »

Le 12 au soir, on dut s'arrêter. La rapidité de la marche avait allongé les colonnes et produit des traînards. On se rendra compte de cette vitesse, par ce fait que le corps d'Augereau, parti de Cobourg le 10, à 4 heures du soir, arriva à Kala le 12, à 6 heures du soir, ayant fait en deux jours 100 kilomètres. Il fallait donc permettre aux colonnes de se serrer, de se masser sur la tête. On voit ici quel est l'inconvénient des marches forcées ; elles allongent les colonnes et les affaiblissent. Si l'on rencontre l'ennemi on n'a à sa disposition qu'une minime partie de ses ressources, quelques soldats fatigués par la marche. On peut être battu par un ennemi qui l'eût été, si toute la colonne eût été serrée sur la tête. Aussi, un illustre général s'est-il élevé avec énergie contre les marches forcées. Elles ne servent le plus souvent, dit-il, qu'à masquer les effets de l'imprévoyance du général en chef ; elles remplissent les hôpitaux de soldats qui eussent vaillamment combattu ; elles obligent à combattre avec les têtes de colonnes seules. A la suite de ces objections, il avoue que l'ennemi s'y laisse prendre le plus souvent. Mais, dit-il, je ne conseillerais ce système de guerre à personne. « Il ne doit y avoir que très rarement des marches forcées et jamais des marches de nuit. »

Il faut à ces objections parfaitement justes en bloc, opposer quelques réflexions. Napoléon se jetant au milieu de l'armée ennemie pour empêcher sa concentration, avait intérêt à marcher vite et à attaquer tout corps en marche pour le détruire et empêcher les ordres de parvenir. C'était à lui de juger l'instant où les inconvénients d'une marche rapide seraient supérieurs à ses avantages. Pendant cinq jours, la marche fut très rapide. Le sixième jour, 13 octobre, il donna repos à toute l'armée. Les ordres du 12 au soir et du 13 à quatre heures du matin, prescrivent une halte qu'on emploiera à serrer les colonnes, à remettre tout en ordre. On est en présence de l'ennemi, il faut pouvoir disposer de toutes ses forces.

Vers six heures du matin, l'Empereur reçoit les rapports envoyés la veille par les maréchaux. Il apprend que le maréchal Lannes a la veille repoussé les arrière-gardes ennemies sur Iéna, et qu'il y est entré à leur suite ; que tous les rapports affirment qu'il y a 80,000 hommes avec le roi de Prusse à Erfurt et Weimar. Il est fixé sur la position de l'adversaire, mais non sur le jour de la bataille. Aussi il écrit à Murat à 7 heures du matin : « Si l'ennemi est à Erfurt, mon projet est de faire porter mon armée sur Weimar et de l'attaquer le 16. » A 9 heures du matin, il écrit une deuxième lettre à Murat : « Le voile est déchiré. L'ennemi commence sa retraite sur Magdebourg. Portez-vous le plus tôt possible avec le corps de Bernadotte sur Dornburg, gros bourg entre Naümbourg et Iéna. Je crois que l'ennemi essaiera d'attaquer le maréchal Lannes à Iéna. »

L'Empereur au maréchal Lannes. — Géra, 13 octobre. 7 heures du matin. — « Je serai à 1 heure à Iéna. Le maréchal Ney sera dans la journée à Roda, à trois petites lieues de vous. Si l'ennemi vous attaquait, ne manquez pas de me prévenir. »

On voit nettement dans cette correspondance le travail du général en chef. Il a trouvé l'ennemi avec qui le maréchal Lannes a pris le contact. Il le fait soutenir et part immédiatement pour aller de ses yeux voir ce qui se passe. Mais il est nécessaire, avant de continuer, de décrire le terrain sur lequel l'action se passe.

L'armée prussienne se trouvait sur la ligne brisée Erfurt—Weimar—Iéna. Iéna avait été évacué et l'armée se trouvait face au sud, couronnant une série d'escarpements très difficiles. Le front était établi le long d'un ravin au fond duquel passe la grande route d'Iéna à Weimar au pied des escarpements. On ne peut monter de la route au sommet des escarpements que par des ravins abrupts. La grande route, après avoir longtemps suivi leurs pieds, profite d'un léger abaissement des crêtes pour monter la pente au moyen d'une série de lacets, appelée la Schneck (le Colimaçon). L'aile gauche était protégée par des pentes encore plus raides qui plongent dans le lit de la Saale. La Saale est une petite rivière qui coule presque perpendiculairement à la ligne occupée par l'ennemi. Les trois colonnes de l'armée française s'étaient avancées parallèlement à cette rivière, et déjà Lannes avait atteint Iéna sur cette rivière, Bernadotte était à Dornburg sur la Saale, un peu plus loin et Davout, poussé plus en avant, était déjà à Naümburg sur les derrières de l'armée ennemie; Naümburg est comme Iéna et Dornburg sur la Saale, de sorte que l'armée française lancée perpendiculairement au front ennemi, avait coupé sur sa gauche le prolongement de ce front et l'avait dépassé de plusieurs lieues. Telle était la position le 13 à midi, lorsque l'Empereur monta à cheval et partit pour Iéna.

Dans cette position, il était naturel de supposer que l'armée prussienne allait profiter de ses avantages pour attaquer les corps qui sont sur la Saale, à Iéna, à Dornburg et à Naümbourg. Il était trois heures, l'Empereur était encore à une lieue et demie d'Iéna, lorsqu'il entend le canon devant lui. Il en conclut que Lannes est attaqué; il s'arrête, et Berthier dicte les ordres suivants :

Le major général au maréchal Lefebvre (garde impériale). — Au bivouac à une heure et demie d'Iéna, 3 heures du soir. — « Il paraît que l'ennemi attaque l'armée ce soir ou sûrement demain matin. En ce moment ses avants-postes fusillent. L'Empereur vous ordonne d'avancer le plus tôt possible; faites passer le même avis au maréchal Soult qui vous suit; qu'un aide de camp crève un cheval, s'il le faut. »

Le major général au maréchal Soult. — Au bivouac, à une lieue et demie d'Iéna, 3 heures du soir : « L'Empereur vous fait dire, Monsieur le Maréchal, que l'ennemi marche en force sur Iéna; on croit même qu'il a envie d'attaquer ce soir; hâtez votre marche sur Iéna. »

Le major général au maréchal Ney. — Au bivouac en avant d'Iéna. « L'ennemi est avec 40,000 hommes entre Weimar et Iéna. Poussez avec tout votre corps d'armée aussi loin que vous pourrez sur Iéna, afin d'être demain de bonne heure à Iéna. »

Le major général au maréchal Davout. — Au bivouac, à une lieue et demie d'Iéna, 3 heures du soir : « L'Empereur, Monsieur le

Maréchal, apprend, à une lieue d'Iéna, que l'ennemi est en présence du maréchal Lannes avec près de 50,000 hommes. Le maréchal croit même qu'il sera attaqué ce soir; si vous entendez une attaque ce soir sur Iéna, vous devrez manœuvrer sur l'ennemi et déborder sa gauche. »

Nous citons ces lettres parce qu'elles montrent le grand capitaine qui n'est jamais surpris, parce qu'il se dit à chaque instant de la journée : « Que ferais-je si j'étais attaqué sur mon front, ou sur mon flanc droit, ou sur mon flanc gauche, ou sur mes derrières ? » « Tout général, a dit Napoléon, doit se poser ces questions cent fois le jour ». Aussi nous le voyons, au premier bruit de la canonnade, prendre ses dispositions sans perdre une minute. Il fait serrer tous ses corps d'armée. Il n'est plus question de la journée de repos qu'il voulait le matin donner à ses troupes. L'ennemi est là : que tout le monde reprenne le sac, et en route pour la bataille !

Laissant le major général achever de dicter ses ordres, l'Empereur remonte à cheval, arrive à 4 heures du soir à Iéna et peut se rendre compte de ce qui s'est passé. Les divisions Suchet, à droite, et Gazan, à gauche, ont franchi la Saale et ont gravi les escarpements qui bordent la rivière, et leurs avant-postes sont déjà au sommet. Il les gravit à son tour et put voir l'armée prussienne qui paraissait rangée en bataille sur trois lignes dont l'étendue était de plusieurs lieues.

Comme nous l'avons déjà dit, l'armée française, marchant du sud vers le nord, avait occupé les principaux villages que baigne la Saale, à savoir : Iéna, Dornbourg et Naümbourg. Pour attaquer l'ennemi, il fallait franchir la rivière, qui, quoique guéable, coule dans un lit qui est une gorge continuelle. La rive gauche, où se trouvait l'ennemi, présente une série d'escarpements presque à pic dont le sommet est couronné de bois. Les passages de Dornbourg et de Naümbourg, où elle est plus abordable, sont à deux lieues les uns des autres et faciles à défendre. Si l'ennemi, prévenu par le combat de jour à Iéna, par celui de la veille à Naümbourg, s'était présenté en force sur le sommet de ces escarpements, il eût été impossible de le forcer; car enlever des hauteurs d'accès si difficile, c'était risquer, au moindre revers partiel, d'être jeté dans ce fossé de la Saale, et nul capitaine n'eût osé tenter une opération aussi périlleuse. L'entreprise paraissait donc impossible ; mais Napoléon, ayant gravi les hauteurs, saisit d'un coup d'œil les fautes de l'ennemi qui nous permettaient de l'attaquer avec chances de succès dans une position que, dans toute autre circonstance, on eût jugée inattaquable.

Ce qui faisait la faiblesse de l'armée prussienne, ce qui rendait l'attaque possible, malgré les désavantages du terrain, c'est qu'au lieu de nous faire face, elle avait sa ligne de bataille faisant face au sud. En effet, le prince de Hohenlohe s'était imaginé que l'Empereur allait déboucher par les forêts de la Thuringe. Les combats de Schleiz et Saalfeld, dans la vallée de la Saale, les escarmouches d'Iéna, l'apparition du maréchal Davout à Naümburg, ses communications coupées de Leipzig, tout devait l'éclairer sur notre position. Mais il avait conçu d'une autre façon notre plan d'attaque. Il fermait les yeux pour ne pas voir les faits qui lui dénonçaient son erreur. En proie à une idée préconçue, rien ne pouvait le ramener à la vérité. On avait beau lui signaler notre présence sur sa gauche, notre absence devant lui, il s'obstinait à prendre pour des détachements les corps auxquels sa gauche avait eu affaire, et à attendre sur son front l'apparition de la ligne ennemie. Grâce à cette obstination, il se trouvait dans la position la plus dangereuse de toutes celles que l'on peut rencontrer à la guerre, celle où l'ennemi est rangé sur une ligne perpendiculaire au front de bataille et son centre tout contre l'aile à laquelle il touche.

Il n'est pas difficile de voir que, dans une position pareille, l'armée, pour se défendre, est obligée de se déployer à droite et à gauche de l'aile attaquée. Ce déploiement prend toujours du temps ; il est difficile à faire sous le feu, et quelquefois contrarié en outre par le terrain. Pendant qu'on fait les mouvements nécessaires, l'ennemi, qui a toutes ses forces présentes, écrase l'aile menacée. Quand le centre arrive, l'aile menacée n'existe plus, et l'aile opposée n'est pas encore arrivée. L'armée est ainsi sûrement battue en détail.

C'était justement le cas où se trouvait l'armée prussienne ; mais il fallait d'abord s'établir sur son flanc. Pour cela, il fallait y amener le plus tôt possible le corps du maréchal Lannes, la garde et toutes les troupes que l'on avait sous la main. La nuit qui arrivait, les brouillards qui s'élevaient tous les matins firent espérer à Napoléon qu'il pourrait y parvenir sans troubler l'ennemi dans son repos. Immédiatement il donna les ordres pour l'exécution de son projet. Mais, nous le répétons, dans toute autre circonstance, livrer une bataille sur un terrain semblable eût été une très grande faute. Nous verrons par l'étude des faits que cette mauvaise disposition du terrain eut une grande influence, et qu'elle eût considérablement diminué les résultats de la bataille sans l'indomptable énergie du maréchal Davout, dont le succès, en dehors de toute prévision, accomplit en un jour la chute de la monarchie prussienne.

Dès que l'Empereur fut placé sur le Landgrafenberg, devenu depuis le Napoleonsberg, il fit hâter la marche des troupes et surtout celle de l'artillerie. Il lui en fallait pour la bataille du lendemain et il n'en avait point encore. Toute la nuit, sur ces chemins défoncés et détrempés de boue, artilleurs et fantassins s'attelèrent après les pièces. Le génie élargit les routes. Napoléon, impatient, pressait tout le monde. Une batterie, engagée dans un chemin creux insuffisamment reconnu dans l'obscurité, se trouva, à cause du peu de largeur de la voie, dans l'impossibilité d'avancer et de reculer. La colère de l'Empereur ne se traduisit que par un silence profond ; il prit lui-même une torche et vint éclairer les sapeurs qui élargissaient la route. Ce fait, que l'histoire a raconté et que la gravure a consacré, est une grande leçon de commandement. Les cris, les menaces, les reproches troublent les têtes, déconcertent les efforts et compromettent le résultat.

En rentrant au bivouac, Napoléon dicte son ordre de bataille pour le lendemain, ordre très court. Le corps de Lannes attaquera au centre, appuyé par le maréchal Ney, dont on attend l'arrivée et à qui l'on réserve sa place. La garde restera en réserve. A droite de Lannes, le maréchal Soult gravira les hauteurs par le ravin de Lobstadt. A gauche de Lannes, Augereau suivra la grande route d'Iéna à Weimar dans le fond du Multhal. L'une de ses divisions montera sur le plateau par les escarpements à sa droite ; l'autre pénétrera jusqu'au fond du Multhal et gravira la Schnecke pour tourner la gauche prussienne. Bernadotte et Davout placés à l'extrême droite, le premier à Dornbourg, le second plus loin encore, à Naümbourg, marcheront sur la gauche de l'ennemi. Toutes les attaques se feront, chaque division marchant sur deux lignes, par brigades déployées.

Si l'on n'a pas oublié que Iéna, Dornburg et Naümbourg, sont trois petites villes qu'arrose la Saale coulant du sud au nord, que la grande route d'Iéna à Weimar, perpendiculaire à la Saale, enfile le Multhal et gravit le plateau à droite au point dit la Schnecke, et enfin que l'armée prussienne est formée sur la ligne Erfurt—Weimar—Iéna, on verra clairement que l'armée française forme une ligne perpendiculaire à la ligne ennemie, et que l'intersection de ces deux lignes est au milieu de la ligne française. Ce sont les avantages considérables de cette position qui neutralisent les inconvénients du terrain, et nous verrons que si ces derniers ne furent pas sans influence, bien que dominés par les avantages résultant de l'emplacement des troupes, dans tout autre cas, livrer une bataille en ayant à dos des chemins affreux où le moindre revers se changera en désastre, sera toujours une imprudence.

Pendant que Napoléon lisait si clairement dans les projets de son adversaire, et voyait si nettement les avantages de sa position, que faisait l'ennemi? Ses résolutions portaient la marque à la fois d'une assez grande perspicacité et d'un aveuglement singulier. La présence des Français sur les bords de la Saale avait tout d'un coup éclairé le duc de Brunswick. Craignant d'être tourné, il se décidait à descendre vers les bords de la Saale et à la suivre jusqu'à son confluent dans l'Elbe et à Magdebourg; il abandonnait ainsi aux Français Leipzig, Dresde et toute la Saxe, qui se trouvent à l'est de la Saale. Mais tandis que la présence de nos coureurs à Dornbourg et Naümbourg lui inspirait ces craintes, il ne prenait aucune précaution pour se garder ces points de passage. Dans la journée du 13 octobre, il se mettait en marche avec le roi, suivi de cinq divisions comptant 66,000 hommes, et se dirigeait sur Naümburg. Il laissait le prince de Hohenlohe sur la position où Napoléon l'aperçut dans la journée, en lui recommandant de défendre à toute extrémité les défilés de la Thuringe sur son front. Il battait donc en retraite, convaincu qu'il allait être tourné, et donnait au prince de Hohenlohe des ordres comme s'il devait être attaqué de front. Il en résultait que l'armée prussienne se divisait en deux corps, qui à la fin de la journée du 13, se trouvaient éloignés de six lieues et par des chemins embarrassés par les bagages, tant de l'armée que de la cour. Cette circonstance favorisait considérablement la tâche de l'armée française, et ici, la Fortune venait au devant du génie.

Néanmoins, le prince de Hohenlohe, qui montra dans ces affaires qu'il avait quelques-unes des qualités du général en chef, s'inquiéta dans la journée du défilé de Dornbourg et y envoya le général Hotzendorf avec quelques milliers d'hommes pour savoir ce qui s'y passait. Mais celui-ci se contenta d'escarmoucher avec les avants-postes et ne découvrit pas la présence du corps de Bernadotte, qui s'y trouvait en ce moment.

Le lendemain 14, l'Empereur fit prendre les armes à la pointe du jour. Il avait, pour commencer le combat de bonne heure, un motif pressant. Le terrain conquis la veille était trop étroit pour les troupes qui devaient l'occuper. S'il retardait l'attaque, l'ennemi aurait le temps nécessaire pour prendre ses dispositions et rendre impossible le déploiement. D'autre part, le corps du maréchal Ney n'était pas arrivé; les maréchaux Davout et Bernadotte qui devaient se rabattre sur la droite de l'ennemi étaient fort éloignés; pour leur donner le temps d'arriver il aurait fallu retarder l'attaque. Afin de concilier ces deux nécessités, Napoléon se décida à diviser la bataille en deux parties. Dans le combat du matin il se contenterait de s'élargir, puis suspendrait le feu quelques heures pour le reprendre plus tard. Le manque d'artillerie était un autre motif non moins puissant pour prendre cette décision. Malgré les efforts faits pendant la nuit, on n'avait amené que fort peu de canons, et leur nombre nous paraîtrait ridicule à nous qui avons vu le développement colossal de l'artillerie dans la guerre de 1870.

Il n'entre pas dans notre projet de raconter les détails de la bataille d'Iéna. N'ayant en vue que les résultats généraux de la stratégie, il est inutile de raconter au lecteur les exploits par lesquels se sont signalés les divers régiments, ainsi que les épisodes de la bataille; il nous suffira de faire remarquer seulement les particularités qui furent le résultat de la direction générale des opérations.

Le feu commença de très bonne heure au milieu d'un brouillard épais. La division Suchet attaqua le village de Closewitz, situé à notre droite, pendant que la division Gazan attaquait le village de Cospoda à notre gauche. L'affaire fut lestement conduite et, à 9 heures du matin, Napoléon ordonna de suspendre le combat et retourna sur le sommet du Napoléonsberg, où il déjeuna avec le prince héritier du grand-duché de Bade, tout surpris du calme et de l'égalité d'humeur du grand capitaine qui l'admettait à sa table.

Le déjeuner était à sa fin, quand on entendit le feu reprendre. Napoléon se leva surpris qu'on eût recommencé la bataille sans son ordre et, montant à cheval, il se dirigea vers la première ligne et aperçut le maréchal Ney aux prises avec l'ennemi. Voici ce qui s'était passé. Par l'action du matin, le corps du général Tauenzien avait été mis en déroute, et l'armée avait conquis la place nécessaire. Augereau à gauche s'était enfoncé dans le Multhal, sur la route de Weimar, et son infanterie commençait à gravir à sa droite les ravins qui montent sur le plateau où Lannes combattait. A droite, le maréchal Soult, partant de la rivière, gravissait le ravin de Lobstadt et allait se trouver en face du général Holzendorf, envoyé la veille pour observer le débouché de Dornbourg. Déjà les progrès de Lannes sur le plateau avaient rejeté ce général sur la droite. Le corps du maréchal Ney était encore en arrière ; mais le maréchal, impatient de prendre part au combat, avait pris avec lui environ 3,000 hommes, avait devancé son corps d'armée, et, arrivé à 9 heures du matin, était venu prendre place entre Lannes et Augereau en face du village de Vierzehn-Heiligen.

Pendant ce temps, le prince de Hohenlohe, accouru au bruit du canon, ne croyant pas à une action générale et se plaignant d'abord qu'on fatiguait les soldats par des prises d'armes intempestives, était bien vite détrompé. Sans hésiter, il prit des mesures. Il ordonna au général Grawert de reprendre les positions abandonnées par le général Tauenzien, envoya sur sa droite la division saxonne défendre les débouchés par lesquels arrivait Augereau, et donna au général Holzendorf l'ordre de se rabattre sur la droite des Français. En même temps, il plaça derrière le général Grawert une réserve de cinq bataillons. Il envoya l'ordre au général Rüchel, qui formait autrefois sa droite du côté de Weimar, d'arriver le plus tôt possible. De sa personne, il alla, avec la cavalerie et l'artillerie attelée, à la rencontre des Français.

Ces ordres énergiques, clairs et bien conçus, furent parfaitement exécutés; mais ils avaient un défaut. En se portant ainsi à la rencontre des Français, sans attendre l'arrivée du général Rüchel, il allait faire battre successivement toute son armée. Il formait ainsi une longue colonne dont la tête seule était engagée contre toute l'armée française, et toutes les parties de la colonne allaient être battues à mesure qu'elles arriveraient sur le terrain. C'était le défaut évident de sa position et l'avantage non moins forcé de celle qui avait été prise par l'armée française perpendiculairement à l'aile gauche de l'ennemi, position que le génie de Napoléon avait si bien jugée et qui l'avait décidé à négliger les inconvénients énormes du terrain.

Dans une pareille position, le prince de Hohenlohe, s'il eût jugé sainement l'attaque redoutable à laquelle il devait faire tête, eût dû ordonner la retraite pour se réunir au corps de Rüchel, venant de Weimar, et lui épargner la moitié du chemin. Le général Grawert, au lieu de recevoir l'ordre de reprendre les positions abandonnées par le général Tauenzien, eût dû recevoir celui de n'opposer que la résistance nécessaire pour ralentir la marche de l'ennemi. En se portant en avant, il courait au-devant de la défaite.

L'action fut donc reprise par le maréchal Ney en face de Vierzehn-Heiligen. Il se heurtait à la cavalerie amenée par le prince de Hohenlohe en personne. Il fait charger l'artillerie à cheval qu'il enlève d'abord ; mais il est ramené par la masse des cuirassiers prussiens. Son petit détachement est entouré par les flots de la cavalerie, qui va percer notre centre. Napoléon n'a sous la main que deux régiments de cavalerie légère et la garde. Mais il ne peut employer la garde ; ses troupes ne sont pas toutes encore sur le champ de bataille. Les corps d'Augereau à gauche et de Soult à droite sont aux prises avec les difficultés du terrain ; le centre est vide. Il fait charger sa cavalerie légère sous les ordres du général Bertrand. C'est un moment critique dans la bataille, car si Ney ne tient pas, qu'arrivera-t-il ? C'est ainsi que les défauts inhérents à la nature du terrain choisi se trahissent et amènent un moment dangereux. Mais la vigueur des soldats triomphe de toutes les difficultés : une partie de la division Gazan vient au secours de Ney et enlève Vierzehn-Heiligen, tandis qu'à gauche Augereau débouche et enlève le bois d'Esserstadt. Le prince de Hohenlohe, chassé du village, accumule sur lui les feux de son artillerie et, se voyant débordé sur ses deux ailes, séparé de Holtzendorff attaqué de front, il envoie presser l'arrivée du général Rüchel. Mais il est trop tard. Napoléon apprend que le corps du maréchal Ney traverse Iéna, que les dernières troupes de Soult sont arrivées ; il fait battre la charge sur toute la ligne. Un impulsion irrésistible se communique à la masse entière. Murat est arrivé à la tête de sa cavalerie, qui réclame l'honneur de prendre part à la journée. Tout disparait devant cette marée montante, poussée par une force pareille à celle qui pousse les flots de l'océan.

C'est alors qu'arrive le général Rüchel. Patriote ardent, il n'hésite pas et charge avec les premiers cavaliers qu'il trouve sous sa main, et meurt glorieusement frappé d'une balle. Ses troupes se débandent ; Murat lance sur elles ses cavaliers ; tout fuit dans un désordre et une épouvante sans égale, et le soir, l'armée française entre dans Weimar en flammes et campe sur les bords de l'Ilm, ramassant à chaque instant des canons, des prisonniers, des blessés et mille trophées.

Le Landgrafenberg, où Napoléon était resté, semblait changé en un lieu de pèlerinage. De tous côtés on voyait arriver des détachements amenant des prisonniers, des drapeaux, des canons, que l'on venait offrir à César victorieux. Il recevait ces hommages avec le même calme qu'il avait montré pendant toute la bataille.

Nous avons vu qu'au milieu de ce succès éclatant, les défauts du terrain s'étaient fait sentir par un vide produit au centre. A la même heure, ou plutôt pendant la journée tout entière, ils amenaient un autre accident. L'armée conduite par le duc de Brunswick s'était dirigée sur Naümbourg pour y passer la Saale ; mais elle venait se heurter contre le corps de Davout, qui formait notre extrême droite. Celui-ci avait ordre de se rabattre sur la gauche des troupes prussiennes qui combattaient à Iéna, et le maréchal Bernadotte avait ordre de l'appuyer dans ce mouvement. Il avait passé la Saale à Naümbourg et se trouvait sur la rive gauche quand la tête de l'armée de Brunswick se trouva en face de ses troupes. Avec tout autre maréchal et avec toute autre troupe, c'eût été un désastre certain, qui eût bien diminué la gloire et les résultats d'Iéna. Mais, contre toute probabilité, la ténacité du maréchal, l'inébranlable solidité de ses soldats, triompha du nombre des adversaires. Mais ici, sans ce résultat inespéré, Napoléon eût éprouvé, par le mauvais choix du terrain, un échec qui n'aurait pas été sans influence sur la campagne.

Je crois avoir, par cette discussion, montré clairement les

avantages de l'ordre perpendiculaire d'une part, et de l'autre les inconvénients d'un champ de bataille où l'on ne peut parvenir que par des chemins difficiles à travers d'étroits défilés, puisque ces inconvénients se sont fait sentir au milieu d'un des plus grands triomphes de l'immortel capitaine. Ils eussent été bien plus sensibles encore si la journée se fût terminée par un revers. Aussi un général ordinaire, mais prudent, eût hésité à livrer bataille. Il n'appartenait qu'au génie de mettre en balance les avantages de sa formation en ligne et les défauts du terrain, et de juger que les premiers l'emporteraient de beaucoup sur les autres.

On a beaucoup discuté pour savoir si Napoléon eût été vainqueur dans tous les cas possibles, et par exemple si l'armée de Brunswick n'était pas partie la veille. Quelques-uns ont prétendu qu'il aurait été battu. D'autres, faisant le calcul des forces qui auraient été en lutte à chaque heure de la journée, montrent que Napoléon eût toujours été vainqueur dans tous les cas. Ce sont là des discussions qui peuvent être utiles comme études, mais qui ne peuvent ni diminuer ni augmenter la gloire du vainqueur. On dit que Napoléon, ignorant le départ de l'armée royale, eût dû se conduire comme si elle eût été présente, et qu'alors son attaque sur un terrain si défavorable eût été un acte de témérité. Mais en admettant que la présence de l'armée royale eût paralysé les attaques du vainqueur, il n'est pas absolument prouvé qu'elle eût amené sa défaite, puisque le seul corps du maréchal Davout a suffi pour la détruire, et que, dans l'hypothèse admise, ce corps se serait trouvé, à la bataille d'Iéna, avec celui de Bernadotte, sur les flancs de l'armée prussienne. Enfin, un général n'est tenu que de déjouer les manœuvres que lui oppose son adversaire et non celles qu'il ne lui oppose pas. On pourrait dire à Claudius Néro : « Vous n'eussiez vaincu ni Asdrubal ni Annibal, si ces généraux avaient agi isolément. » Il répondrait qu'ils n'en furent pas moins battus, qu'un mât est toujours un mât, même quand il n'est pas forcé, et qu'il n'y a pas un général qui ne puisse prouver qu'il eût échappé à la défaite s'il avait fait des manœuvres autres que celles qui l'ont amenée.

II.

MARS-LA-TOUR.

Nous avons dit que, par beaucoup de points, la bataille d'Iéna ressemble à celle de Mars-la-Tour. Nous allons étudier rapidement cette bataille et voir comment elle a pu amener des résultats semblables en apparence et absolument différents en réalité.

Comme la Saale, la Moselle court du sud au nord, parcourant successivement Dieulouard, Pont-à-Mousson, Novéant, Ars et Metz. Le terrain de la rive gauche est formé par un plateau qui sépare les vallées de la Moselle et de la Meuse. Ce plateau, partant du mont Saint-Quentin, comme le plateau d'Iéna du Landgrafenberg, est limité de toutes parts par des pentes raides qui descendent sur Metz, Novéant, Pont-à-Mousson, comme ce dernier descend sur la Saale par les pentes raides de la Schnecke, d'Iéna et de Lobstadt. La grande route de Metz à Verdun traverse ce plateau, laissant la Moselle à la gauche du voyageur qui se rend à Verdun. A son point de départ, elle passe à l'origine du ravin qui descend sur Ars, et, s'écartant de la direction de la rivière, s'éloigne peu à peu du débouché des ravins qui descendent sur Gorze, Novéant et les rives de la Moselle.

Le 16 août, au matin, l'armée française était au bivouac, face à la direction de Verdun et perpendiculairement à la route, le 2ᵉ corps entre Vionville et Rezonville au sud de la route, le 6ᵉ au nord de cette route ; le 3ᵉ plus à droite entre Verneville et Saint-Marcel ; enfin, le 4ᵉ était en route pour Doncourt à l'extrême droite. La garde était en deuxième ligne.

L'armée prussienne avait, après la bataille de Borny, livrée le 14 août à l'est de Metz et sur la rive droite, continué son chemin sur cette rive et gagné de vitesse l'armée française. Tandis que le maréchal Bazaine faisait péniblement quinze kilomètres dans la journée du 15 août, les Prussiens en faisaient trente et quarante ; tandis que Bazaine arrivait au débouché du ravin d'Ars, sur le plateau, les Prussiens avaient dépassé Ars, atteint Novéant et même Pont-à-Mousson. Leurs têtes de colonnes se présentaient sur une ligne parallèle à la route de Verdun que suivait le maréchal. Celui-ci tranquille sur ses derrières, garantis par la place de Metz,

Bonnet des Tuves.

qu'on appelait encore Metz la Pucelle, n'avait pas songé un seul instant, je ne dis pas à se garder, mais à s'éclairer sur ses flancs. L'ennemi s'était emparé, presque sans coup férir, des ponts de Novéant et de Pont-à-Mousson. Un de leurs partis, profitant du brouillard, s'était même avancé dans le rayon de la place de Metz et s'était trouvé inopinément, à six heures du matin, à deux kilomètres de Metz, en face de Longeville, petit village situé sur la rive gauche où se trouvait ce jour-là le quartier impérial. Cachée dans le brouillard, une batterie avait pris position et avait fait feu sur le village. On crut d'abord, dans la place, que ces coups de canon étaient des salves de réjouissance tirées par le fort Saint-Quentin pour la fête du 15 août. Comme la veille l'ordre avait été donné de ne point tirer les salves habituelles, le commandant de l'artillerie du fort arriva en toute hâte, croyant à une erreur, et fut tout stupéfait d'apercevoir une batterie ennemie placée dans la vallée en face de la gorge du fort et tirant sur le village à ses pieds. Sans perdre de temps, il fit amener une pièce de 12 à la gorge et rendit feu pour feu. Aux premiers coups de canon, la batterie ennemie se replia, profitant des derniers lambeaux du brouillard qui commençait à se déchirer. Ces projectiles ennemis, qui atteignirent des officiers de la maison impériale et qui remplaçaient les réjouissances accoutumées, étaient un sinistre présage pour l'Empire et eussent dû être pour le maréchal Bazaine un avertissement du sort qui le menaçait. Mais l'incurie, l'ignorance, la paresse étaient telles chez lui que ses yeux restèrent fermés à l'évidence et qu'il passa la nuit du 15 au 16 août dans l'ignorance complète de la bataille du lendemain. Comme nous l'avons dit, il campa ayant son front perpendiculaire à la route de Metz à Verdun, le 2e corps à sa gauche au sud de la route, le 6e au centre au nord de la route, le 3e à droite en marche sur Verneville et Saint-Marcel ; le 4e était en route sur Doncourt ; la garde était en deuxième ligne.

Dès l'aube, l'Empereur était parti de Longeville pour Verdun et Châlons, escorté par la brigade de France. Les troupes devaient partir à six heures dans la même direction ; mais, sur l'observation d'un commandant de corps d'armée, le départ fut retardé jusqu'à midi. Décidé à entreprendre ce mouvement qui devait conduire l'armée de la vallée de la Moselle dans celle de la Meuse, le maréchal Bazaine n'avait pas songé à surveiller les ponts de Novéant,

Corny et Pont-à-Mousson, situés au sud en avant de Metz et sur la gauche de l'armée. C'était là une imprudence d'autant plus dangereuse que, dans cette partie de son cours, la rivière n'est pas perpendiculaire à la direction de Metz à Verdun et qu'elle coule obliquement sur cette ligne. Les points de passage, Novéant, Corny, Pont-à-Mousson, se rapprochent de la grande route. L'armée prussienne les trouva tous libres, quand elle y arriva le 15 au soir, et, sans plus tarder, elle entama le passage dans la soirée.

Le IIIe corps franchit la rivière à Novéant ainsi que la réserve d'artillerie et une partie du Xe corps ; le Xe corps la franchit à Pont-à-Mousson. Pour activer le passage, on jette des ponts à Pont-à-Mousson, à Champey, à la Lobe, à la ferme de Poncé, à la porte de la Lobe, à Arcy et deux à Corny en tout huit ponts en sus des ponts fixes. L'incroyable incurie du maréchal a laissé toute facilité à l'ennemi qui en profite pour parer à tous les dangers d'une pareille opération. Mais, malgré tout, le maréchal n'ignore pas que l'armée prussienne a passé la rivière. Des paysans arrivent de tous les points de passage, racontant qu'ils ont vu de nombreuses troupes ennemies. Quelques-uns les ont comptées ; on a vu passer l'artillerie. Tout ce monde est sur la rive gauche. La veille il y a eu une escarmouche à Pont-à-Mousson. Du reste, dès six heures du matin, les vedettes signalent l'approche de la cavalerie ennemie ; les grand'gardes échangent quelques coups de feu et font quelques prisonniers. Il y aurait là assez pour éveiller l'attention d'un général doué d'un peu de prudence. Néanmoins, à 8 h. 1/2, les colonels reçoivent la note suivante : « Les reconnaissances de cavalerie viennent de rentrer ; elles ne signalent l'ennemi nulle part. On peut faire la soupe. » On répond à un colonel qui insiste qu' « il voit des Prussiens partout. »

En effet, tandis que l'armée française retarde son départ, l'armée prussienne se hâte de gravir les ravins qui viennent déboucher sur le plateau. Elle a hâte de sortir de ces terrains tourmentés et difficiles, où la place manque pour manœuvrer. Comme Napoléon à Iéna, elle se hâte de sortir du terrain dangereux. Elle est précédée par les 5e et 6e divisions de cavalerie (von Rheinbaben et duc de Mecklembourg-Schwerin).

La 5e division d'infanterie montait par le ravin de Gorze, la 6e arrivait d'Arnaville par Chambley et Buxières et se portait sur Mars-la-Tour à la gauche de la 5e division. A la même heure, le

X⁰ corps prussien, qui était à Pont-à-Mousson, étendait une de ses brigades à sa droite pour donner la main au III⁰ corps, tandis que son autre brigade franchissait la route de Mars-la-Tour à Verdun et, surprise de n'y pas trouver les troupes françaises, continuait à marcher vers le nord pour voir si elles ne se trouveraient pas sur la seconde route de Metz à Verdun par Doncourt et Étain.

Il résultait de tous ces mouvements que l'armée prussienne en débouchant sur le plateau allait se trouver sur un front perpendiculaire à celui de l'armée française, occupant en face du maréchal Bazaine une ligne absolument semblable à celle qu'occupait à Iéna le prince de Hohenlohe devant Napoléon, avec cette différence que sa ligne prolongée venait couper l'aile gauche du maréchal Bazaine, tandis qu'à Iéna celle du prince de Hohenlohe venait ficher juste sur le centre de l'armée impériale. Pour ce motif, la position de l'armée prussienne était un peu moins dangereuse qu'à Iéna. Mais, d'autre part, ce danger s'aggravait par l'éloignement de la brigade du X⁰ corps partie à la recherche de l'adversaire. Dans ces conditions, il est facile de voir ce qu'avait à faire le maréchal Bazaine. Il lui fallait se porter en avant avec son aile gauche, il eût culbuté isolément le III⁰ corps avant la venue du X⁰ ; ce dernier serait arrivé sur le champ de bataille pour recueillir les débris du III⁰ corps comme à Iéna le général Ruchel était arrivé pour recevoir les débris du prince de Hohenlohe. Le 3ᵉ et le 4ᵉ corps français qui étaient encore en marche seraient survenus en ce moment, de même qu'à Iéna le corps du maréchal Soult. Enfin, pour faciliter le mouvement, il fallait faire descendre sur Ars, dont la route était libre, ou sur Vaux, entre Ars et Metz, une seule division qui aurait menacé les ponts par où passait l'ennemi. Voilà ce qu'un général clairvoyant se serait dit. Le maréchal avait pour s'éclairer tous les renseignements nécessaires; il n'ignorait rien et ne pouvait pas se tromper sur les manœuvres de l'ennemi. Il est même rare qu'un général soit aussi bien renseigné que l'était le maréchal et puisse prendre son parti avec moins d'incertitude. On sera sans doute surpris du mauvais résultat de la manœuvre du général de Moltke, qui aboutissait précisément à l'opposé de la manœuvre de Napoléon à Iéna. Jamais deux manœuvres calquées pour ainsi dire l'une sur l'autre, ne furent au fond plus différentes. Il ne nous reste plus qu'à raconter la bataille; nous verrons sans entrer dans beaucoup de détails, comment l'armée française placée, non par son chef, mais par l'ennemi, dans la position la plus favorable, laissa échapper le succès que lui ménageait son imprudent adversaire.

La route de Metz à Verdun, après avoir gravi les pentes du bord de la Moselle, débouche à Gravelotte sur un plateau qu'elle traverse de l'ouest à l'est en passant successivement par Gravelotte, Rezonville, Vionville, Mars-la-Tour, Habonville. Parallèlement à cette route et au nord, court une ancienne voie romaine, se dirigeant sur Cologne ; en arrière de cette voie se trouve une autre ligne parallèle à la grande route et marquée par Villers-aux-Bois en face de Rezonville ; Saint-Marcel en face de Vionville et la ferme de Greyère en face de Mars-la-Tour. L'armée prussienne allait en montant par les pentes méridionales se trouver en face de ces trois lignes ; l'armée française placée perpendiculairement allait laisser sa gauche en position, tandis que sa droite pivotant sur sa gauche immobile allait occuper la ligne de Villers-aux-Bois à Saint-Marcel et porter son extrême droite à la ferme de Greyère. L'armée prussienne allait être en proie à des feux croisés d'une puissance irrésistible, et notre succès était assuré, si toutefois le maréchal qui se trouvait à notre tête parvenait à se faire une idée nette de sa position et de ses avantages.

La 5e division prussienne montait par le ravin de Gorze qui débouche devant Rezonville, tandis que la 6e division ayant pris un chemin plus à gauche, se dirigeait sur Mars-la-Tour. Vionville se trouve entre ces deux villages. La cavalerie qui était en avant ayant aperçu les camps français, amène une batterie au sud de la route vers Vionville, à moitié de la distance qui sépare Mars-la-Tour de Vionville, et ses obus tombent sur les divisions Forton et Valabrègue, occupées à faire boire leurs chevaux. Le désordre se met dans ces troupes et, malgré les efforts de leurs officiers, elles s'enfuient précipitamment sur les campements du 2e corps. Seule la 7e batterie du 20e régiment se porte au feu sous le commandement du capitaine Coillot, à 800 mètres de la batterie ennemie. Elle perd rapidement un assez grand nombre de servants et d'attelages. Le général de Forton lui ordonne de battre en retraite à la prolonge ; trois pièces exécutent l'ordre, mais deux autres qui n'ont plus d'attelages continuent le feu sous les ordres de leur lieutenant Liénard. Elles sont en danger d'être enlevées, quand le colonel du 1er dragons faisant mettre pied à terre à quelques soldats, fait emmener les pièces jusqu'en bas de la côte où elles trouvent des attelages.

En un instant l'infanterie est sur pied. Le général Frossard (2e corps) fait occuper à sa gauche le bois de Saint-Arnould par la brigade Lapasset; Rezonville par la division Vergé; Vionville et Flavigny, hameau au sud, et la grande route par la division Bataille. Le maréchal Canrobert (6e corps) dirige sur ce même point la division Lafont de Villiers et garde en deuxième ligne la division Tixier, en réserve la division Levassor-Sorval.

Du côté de l'ennemi, la brigade qui marchait en tête de la 5e division, prévenue par la cavalerie de la présence de l'armée française, commençait par faire occuper par un détachement la côte Mousa, qui domine le ravin de Gorze et, continuant sa marche, arrivait sur le plateau.

La cavalerie dont la canonnade a surpris l'armée française, a reculé à l'approche des troupes du général Frossard et du maréchal Canrobert. Chacune de ses divisions a rétrogradé sur la route par laquelle elle est arrivée. La division Rheinbaben s'est réfugiée vers Mars-la-Tour, derrière le bois de Tronville, et la division de Mecklembourg-Schwerin a redescendu les premières pentes du ravin de Gorze et a pris position à la ferme d'Anconville; il s'est formé un vide au centre comme il s'en était formé un à Iéna. L'avant-garde du IIIe corps se hâte de remplir le vide entre ces deux divisions, et sans attendre de renforts, elle jette un régiment sur Rezonville par le bois de Saint-Arnould et l'autre sur Vionville par le bois au sud de ce village. Le combat s'engage avec fureur contre les brigades Lapasset et Jolivet, et l'ennemi parvient à établir sur la côte quatre batteries d'artillerie. Mais ses deux régiments sont près de céder. Le général von Dœring prend le premier bataillon qui débouche sur la route de Gorze et se mettant à sa tête le dirige au secours des troupes ébranlées. Ce malheureux bataillon est détruit totalement en quelques instants; mais pendant ce temps les deux autres bataillons du même régiment se sont formés et se sont portés en face de Flavigny pour soutenir l'artillerie divisionnaire, et la ligne a pris quelque consistance; mais au prix de quelles pertes! Le

52e de ligne a perdu 50 officiers et 1250 hommes. L'artillerie divisionnaire est placée sur une crête au sud du bois de Tronville et l'on a gagné l'espace nécessaire au déploiement. Mais la position est encore précaire et incertaine.

Que se passait-il dans ce temps dans l'esprit du maréchal Bazaine ? Il est bien difficile de le savoir. C'était un esprit à la fois compliqué et ignorant. Il avait obtenu le bâton de maréchal sans avoir jamais montré les talents d'un homme de guerre. Entré à Mexico à la suite de la prise de Puebla et de la bataille de San-Lorenzo sans éprouver aucune résistance, il n'avait pour lui que le prestige dû à l'éloignement. On le jugeait grand, il était petit. Il est très probable qu'il se sentait inférieur au poste éminent qu'il occupait, ce qui n'empêchait pas chez lui des ambitions malsaines. Placé à la tête de l'armée et se sentant incapable de la diriger, il craignait de prendre une décision ; il devint timide et craintif. Pris à l'improviste par l'attaque des ennemis sur sa ligne de retraite, il ne forma d'autre projet que de rester en place. La bravoure de ses troupes et l'appui de la forteresse lui garantissaient l'impossibilité de la défaite. Il ne donna donc aucun ordre, sinon de rester en place. Incapable de juger la situation, il n'eut qu'une crainte, celle de donner des ordres dont il serait plus tard responsable. « Laissons courir les événements », pensa-t-il. Il songea cependant à se garder une réserve, destinée dans son esprit, non point à attaquer l'ennemi sur son point faible, mais à se garder sur la gauche et à se garantir d'un mouvement tournant de l'ennemi sur Gravelotte. De toutes les craintes qu'il pouvait avoir, c'était de beaucoup la moins justifiée. Comment, en effet, concevoir que l'ennemi irait de gaieté de cœur se séparer du Xe corps qui arrivait par Pont-à-Mousson, irait se jeter entre la place de Metz et le maréchal ! C'était lui supposer gratuitement l'amour de l'absurde. C'était, au contraire, au maréchal à jeter sur la route d'Ars à Novéant, qui longe la Moselle, une division qui eût menacé la retraite de l'ennemi, et à son premier coup de canon, on eût vu les divisions prussiennes abandonner le plateau et courir à la défense de leurs lignes de retraite. En restant immobile à sa gauche, le maréchal laissa la porte ouverte aux renforts. L'ennemi en profita et les divisions du IXe corps passèrent toute la journée à Novéant et vinrent fournir au IIIe corps épuisé, les moyens de soutenir la lutte. Pour fortifier cette gauche à peu près invulnérable, le maréchal y accumula la brigade Lapasset, la garde tout entière et la division Levassor-Sorval.

L'artillerie prussienne est renforcée par l'artillerie de corps du Xe corps d'armée, qui a passé la Moselle à Pont-à-Mousson, et par celle des deux divisions de cavalerie ; elle crible de feux le petit village de Vionville, défendu par la division Bataille. L'artillerie du général Frossard riposte vivement, soutenue par la réserve générale d'artillerie, qui s'est portée à droite et à gauche de Rezonville. Vionville est sous le feu des deux artilleries. Ses maisons sont détruites, labourées et incendiées par les obus prussiens. Les braves défenseurs luttent au milieu de débris en flammes. L'attaque ainsi préparée, la 6e division prussienne se déploie tout entière, la 11e brigade à droite, la 12e à gauche, et se jette sur le village. Elle est de beaucoup supérieure en nombre, car le village n'est occupé que par le 12e chasseurs à pied et par le 1er bataillon du 23e de ligne : deux bataillons contre toute une division. Ils opposent une résistance acharnée. Ce n'est qu'à son troisième assaut que l'ennemi parvient à enlever la position. Les deux bataillons battent en retraite en bon ordre sous la protection des deux autres bataillons du 23e qui les rallie.

Mais Vionville est à peine enlevé que les batteries françaises, à leur tour, le prennent pour but et ajoutent leurs ravages à ceux qu'a causés le feu de l'ennemi. Le feu est si intense qu'il est impossible de rester au milieu de ces décombres. Battre en retraite ! Les Prussiens n'y songent pas ; il n'est pas plus dangereux de marcher en avant. Pour se soustraire au feu, tous se lancent impétueusement à l'attaque de Flavigny. Le village est défendu par les deux bataillons du 23e de ligne dont nous venons de parler. La défense dure jusque vers midi. Les défenseurs, mitraillés sur leur flanc par une batterie ennemie, attaqués de tous les côtés, battent en retraite à travers les jardins avec une fermeté admirable. La division Vergé tout entière est obligée de se replier vers Rezonville. Deux escadrons de cavalerie, croyant le moment favorable pour charger ces troupes qui se retirent, se lancent au galop, et au bruit des hourras retentissants, sur le 3e bataillon de chasseurs à pied. Celui-ci s'arrête, fait volte-face et attend la cavalerie de pied ferme. Quand elle est à trente pas, le chef de bataillon Thomas commande une seule salve. Soixante-dix cavaliers abattus du coup jettent le désordre dans les deux escadrons, qui disparaissent plus rapidement qu'ils n'étaient venus. Toutes les troupes du 2e corps qui se replient vont se rallier derrière Rezonville.

Pour protéger la retraite du 2e corps, le 3e lanciers charge sous les ordres du colonel Torel. Après quelques mouvements préliminaires assez longs, le régiment s'ébranle pour la charge. Les lanciers enlèvent bravement leurs chevaux au galop sous une pluie de projectiles et franchissent le terrain qui les sépare de l'ennemi. Par malheur, au milieu de la fumée, on change peu à peu de direction ; l'aile gauche seule du régiment atteint l'infanterie ennemie, et les deux escadrons de droite chargent dans le vide. Ils sont pris par des feux de flanc et de revers, traversent la seconde ligne et sont enfin obligés de se replier, après de nombreuses pertes. Les cuirassiers de la garde les remplacent aussitôt, brillamment enlevés par le général du Preuil. La charge, mieux conduite, arrive sur la ligne ennemie, mais elle est arrêtée par le feu des bataillons prussiens. La deuxième ligne arrive à son tour avec aussi peu de succès, et nos cuirassiers sont forcés de se replier comme l'ont fait les lanciers.

Les hussards prussiens se lancent à la poursuite de notre cavalerie rompue ; ils arrivent sur une de nos batteries et percent jusqu'à l'état-major du maréchal Bazaine, qui est contraint de mettre l'épée à la main et galope quelque temps côte à côte avec un officier prussien qui est tué par un officier de l'état-major. La charge est arrêtée par un bataillon de chasseurs et revient sans résultat, mais non sans pertes.

Pendant tous ces combats de cavalerie, l'infanterie a manœuvré. Le 2e corps, épuisé, a été remplacé par la garde impériale, qui le relève dans ses positions. A notre droite, le maréchal Canrobert a appelé la division Tixier, qui était en réserve à Saint-Marcel, et l'a placée le long de la voie romaine faisant face au village de Vionville, pendant que sa droite menace de tourner la gauche de l'ennemi et de couper la route de Verdun, par laquelle doit arriver le Xe corps prussien. Les effets de ce mouvement ne tardent pas à se faire sentir. La division Tixier marche à l'attaque de Vionville, qui devient une troisième fois le point de mire de l'artillerie, tandis qu'à sa gauche la division Lafont de Villiers enlève Flavigny. Le danger est pressant pour le général Alvensleben II. Il va perdre ce terrain conquis avec tant de peine. Il n a plus de troupes sous la main : les colonnes du Xe corps ne paraissent pas encore. Il ordonne à la cavalerie de charger.

Le général von Bredow charge à la tête de ses escadrons avec une furie inouïe, comme l'ont fait tout à l'heure les lanciers et les cuirassiers français. Il est reçu par notre infanterie comme nos cavaliers l'ont été tout à l'heure, traverse la 7e batterie du 20e pour la deuxième fois de la journée; il s'arrête; il est chargé à son tour par la division de Forton et finit par se replier sous la protection de l'infanterie. Des cuirassiers blancs de Magdebourg, il ne restait que 7 officiers et 70 hommes; du 16e uhlans, 6 officiers et 80 hommes. Les six escadrons qui avaient chargé, au nombre de 800 hommes, avaient perdu 16 officiers, 363 hommes et 409 chevaux.

C'était le cas pour le maréchal Bazaine de poursuivre ses avantages. Les colonnes du 3e corps (Lebœuf) étaient en vue, et celles du 4e (de Ladmirault) n'étaient pas loin. Il fallait se hâter, chasser l'ennemi de cette route qu'il était sur le point de perdre et par où devaient lui arriver les renforts. Mais, nous l'avons dit, le maréchal Bazaine répugnait à toute attaque. Il préférait attendre l'adversaire, étant à peu près sûr qu'avec des troupes aussi solides il ne serait pas battu. Ayant la supériorité du nombre, il ne s'en servait que pour accumuler des réserves sur un point où elles étaient inutiles. Il gardait à Gravelotte la division de voltigeurs de la garde, la division Montaudon du 3e corps, le bataillon de chasseurs de la garde et tout le 2e corps. Non content de rendre toutes ces forces inutiles, il ordonnait au maréchal Canrobert de rester sur la défensive et d'attendre l'arrivée en ligne des 3e et 4e corps.

Si le maréchal était allé sur ce point du champ de bataille, il se serait peut-être mieux rendu compte de la situation. Mais, préoccupé de craintes chimériques pour sa gauche, il s'obstina à rester entre Gravelotte et Rezonville, et, quand le 4e corps arriva en ligne, le maréchal n'en sut rien. Il n'y envoya pas un seul ordre, pas un aide de camp, et, dans son procès, il a avoué que ce n'est que par hasard qu'il apprit dans la soirée l'entrée en ligne du général de Ladmirault. Y eut-il jamais général plus incapable ? Mais ce n'est là que le premier échelon qu'il descend vers l'abîme. Deux jours plus tard, on se demandera : Y eut-il jamais général plus criminel ? et deux mois après : y en eut-il de plus infâme ?

Il était environ deux heures et demie; il y eut alors un ralentissement dans la bataille, une accalmie dans la tempête. Les troupes qui pendant cinq heures avaient soutenu le combat, étaient épuisées ; des deux côtés on signalait l'arrivée de puissants renforts et d'un commun accord on attendait leur apparition pour reprendre la lutte. Du côté des Français, le 3º et le 4ᵉ corps sont en vue. Le 3ᵉ arrive le premier; mais au lieu de le lancer sur l'ennemi épuisé, dont les renforts ne sont pas encore arrivés, le maréchal Bazaine l'immobilise, lui prescrit de rallier le maréchal Canrobert et ordonne à celui-ci de rester sur la défensive. Ordre inexcusable dans tous les cas, mais surtout dans celui-ci, car le maréchal Bazaine ne sait pas où est le 4ᵉ corps : il ne l'a su, d'après son propre aveu, que le lendemain. Il a sous la main une partie de la garde, le 3ᵉ corps tout entier, le 2ᵉ rallié, et l'ennemi n'a plus rien, rien. Il a fait charger sa cavalerie parce qu'il ne lui reste pas une compagnie à nous opposer. Et le maréchal ordonne de rester sur la défensive. Il attend on ne sait quoi, la défaite.

Le 4ᵉ corps (de Ladmirault) débouche sur ce champ de bataille à notre extrême droite vers Bruville et la ferme de Greyère. La division de Cissey est en avant. Le combat reprend plus furieux. Nous attaquons parce que les ordres du maréchal Bazaine ne sont pas parvenus jusqu'à cette distance, bien que 8 kilomètres seulement nous séparent, et parce que le bon sens indique qu'il faut reconquérir la route de Verdun. En une heure de combat le terrain est reconquis; nous sommes maîtres du bois de Tronville et de la ferme de Greyère. Moins de cent pas nous séparent de la route. Encore quelques efforts et nous en serons les maîtres.

Pendant ce temps, le prince Frédéric-Charles est arrivé, précédant le Xᵉ corps prussien qui a rallié sa brigade envoyée sur Doncourt et arrive par la grande route de Pont-à-Mousson. Il prescrit à sa droite de soutenir le combat, tandis que sa gauche se portera à l'attaque de la ferme de Greyère et du bois de Tronville. En même temps, il fait renforcer la grande batterie de Vionville qui est portée à 102 bouches à feu.

La 38ᵉ brigade prussienne est désignée pour attaquer la division de Cissey à la ferme de Greyère. Elle débouche de Mars-la-Tour et est saluée, à son arrivée, par une pluie effroyable de projectiles. Les hommes tombent de tous côtés ; mais la vaillante brigade ne se laisse pas ébranler; elle continue bravement sa marche qu'elle jalonne de cadavres et de blessés. Tantôt elle se couche pour reprendre haleine, tantôt elle se relève et reprend sa course pour se coucher de nouveau. A chaque fois, le nombre de ceux qui se relèvent diminue. Enfin, la brigade arrrive devant la ferme de Greyère. Il faut franchir un ravin profond et gravir sous le feu la rive opposée. Lancée d'un élan formidable, la brigade ne s'arrête pas. Mais ses pertes sont énormes. Quelques hommes parviennent à l'autre bord du ravin, mais, accueillis par des feux continus, ils tombent victimes de leur courage. La brigade se met à tournoyer, puis elle prend la fuite et rentre dans Mars-la-Tour où elle se reforme et se recompte. Elle avait perdu 72 officiers sur 95 et 2,542 soldats sur 4,500.

Ainsi, le Xe corps prussien arrivait chercher sa défaite sur les champs de Rezonville comme soixante-trois ans auparavant le général Rüchel était venu chercher la sienne sur les champs d'Iéna. S'il ne fut pas aussi malheureux que le corps de Rüchel, cela tient à ce que le génie de Napoléon n'animait plus nos armées, que la timidité avait remplacé l'audace et que toute la tactique du général en chef consistait à ne pas bouger et à se défendre sur place.

A l'aspect du désastre de la division Vedell, la cavalerie se dévoue de nouveau. Les généraux Brandebourg et Rheinbaben chargent à outrance. Les dragons de la garde royale qui chargent sur le 13e de ligne y perdent l'effectif de deux escadrons. Le reste de la division, chargeant plus à gauche, voit accourir à sa rencontre la division Legrand, la brigade de France, le 3e chasseurs d'Afrique. Une mêlée s'engage au milieu d'une poussière qui dérobe les combattants à la vue de l'armée. Le général Legrand, renversé sous son cheval, est désarmé et tué malgré le dévouement de son aide de camp. Enfin, la poussière se dissipe et le champ de bataille apparaît absolument vide. Les deux adversaires se sont repliés chacun de leur côté. Il ne reste que quelques cavaliers démontés et quelques chevaux sans cavalier.

L'obscurité commence à se faire. Le comte Alvensleben II, qui commande le IIIe corps prussien, la voit arriver avec satisfaction ; la nuit va mettre fin au combat inégal qu'il a soutenu toute la journée. Il a perdu bien des soldats ; mais il nous a coupés de la route de Verdun. Sa position s'améliore. Le Xe corps à sa gauche, le IXe et le VIIIe derrière lui ont annoncé des renforts considérables. Mais il est temps, cependant, que cette lutte finisse. Des deux côtés, le feu se ralentit, puis cesse peu à peu.

Tout d'un coup, vers huit heures du soir, les feux se rallument sur la grande route de Verdun. Le prince Frédéric-Charles veut voir l'effet que produira sur nos lignes une attaque soudaine. Une ligne de 54 pièces se déploie perpendiculairement à la route et ouvre le feu, soutenue par l'infanterie et par la 6ᵉ division de cavalerie. Cette témérité est aussitôt punie. La garde impériale reprend les armes et en quelques minutes elle a raison de son adversaire.

Qu'avait fait le maréchal Bazaine? Toute l'armée croyait qu'il avait été enlevé par la charge des hussards. Le maréchal Canrobert, se croyant le chef de l'armée, avait réuni à Gravelotte les commandants de corps et demandé leur avis. Tout d'un coup on voit entrer le général en chef qui s'écrie : « J'ai fait le sous-lieutenant aujourd'hui, j'ai passé mon temps à pointer des mitrailleuses. »

Le maréchal Canrobert, un peu surpris, lui dit : « Il me reste à vous communiquer l'avis unanime du Conseil de guerre : « Il faut continuer le combat dès le lever du soleil. — Non, répond le général en chef, faites replier tout le monde et qu'on se couche sur les cantonnements de ce matin. — Faut-il abandonner le terrain conquis? — Tout le monde sur les mêmes cantonnements que ce matin ». Telle fut la fin à jamais déplorable de cette journée.

III.

CONCLUSION.

Ainsi, en résumant les faits, le maréchal de Moltke avait tenté une manœuvre semblable à celle de Napoléon à Iéna; mais cette manœuvre, conduite avec moins de prudence et d'habileté, conduisit à des résultats bien différents. Tandis que Napoléon s'était placé perpendiculairement à la ligne du prince de Hohenlohe, son centre faisant face à l'aile gauche de l'armée prussienne, la manœuvre du général de Moltke avait bien placé sa ligne perpendiculairement à celle de l'armée française, mais toute son armée était portée en avant de l'armée française. Elle se trouvait presque dans la même position que celle de Hohenlohe à Iéna. Aussi, voit-on tous les épisodes de la bataille d'Iéna se produire dans le même ordre et avec la plus parfaite régularité, sauf le dernier. Pour Napoléon, les avantages de sa formation compensaient à Iéna les désavantages du terrain ; ici, pour le général de Moltke, le terrain et la formation étaient contre lui. S'il fut vainqueur, c'est que l'adversaire lui abandonna bénévolement la victoire. Le maréchal Bazaine perdit la bataille parce qu'il crut l'avoir perdue. Il prétexta stupidement qu'il avait besoin de se replier parce qu'il n'avait plus de munitions. Il ne songea même pas que l'ennemi éloigné de ses parcs en avait cent fois plus besoin que lui.

Ce fut l'énergie morale qui obtint la victoire ce jour-là. On ne saurait trop le répéter. Se croire vainqueur est une grande raison pour l'être réellement. L'énergie morale est plus forte que les combinaisons les plus savantes ; avec elle il n'y a pas de situation désespérée ; sans elle tous les avantages sont inutiles. Pourquoi fallait-il que cette précieuse qualité manquât précisément à celui chez qui elle était le plus nécessaire. Nos soldats n'étaient nullement abattus ; ils ne l'ont jamais été. Je ne crois pas que les soldats allemands eussent jamais soutenu avec autant d'énergie la longue suite de revers qui ont marqué cette malheureuse campagne. On dit trop que la nation française n'a pas de fermeté, que les premiers revers lui enlèvent tout son courage. Que dira-t-on alors des Allemands ? On vit après la bataille d'Iéna les places fortes bondées de soldats et de canons se rendre à un escadron de cavalerie légère. Nous n'avons rien vu de pareil chez nous et nous avions en plus d'une bataille d'Iéna, un empereur prisonnier, un gouvernement renversé. Nous n'avions plus que des fantassins qui n'avaient jamais touché un fusil, des cavaliers qui tombaient dès qu'on prenait le trot, et cependant pas une bataille qui ne durât trois jours complets. Non, la nation ne manque pas d'énergie. Sa résurrection a été si prompte qu'elle a étonné le monde. Non, les soldats n'ont pas manqué à leurs chefs ; ce sont les chefs qui ont manqué aux soldats. C'est là, malheureusement, l'exacte réalité ; la comparaison que nous venons de faire le démontre surabondamment.

Les manœuvres des Prussiens autour de Metz peuvent encore être comparées à celles de Napoléon autour de la ville d'Ulm, qui amenèrent la fameuse capitulation du général Mack. Mais quelles différences dans l'exécution ! L'armée prussienne venait de combattre le 14 à Borny, à l'est de Metz, et elle entreprenait un mouvement tournant sous les yeux mêmes de l'adversaire. C'est une entreprise qui ne peut réussir que par la complicité de l'ennemi. Gouvion-Saint-Cyr a dit que tout mouvement tournant qui dure une journée est très périlleux, mais que celui qui demande une durée de plus de vingt-quatre heures est totalement impraticable en face d'un adversaire avisé. Napoléon a réussi à Ulm parce qu'il a exécuté toutes ses marches en dehors des vues de l'ennemi ; il n'a pris le contact que lorsque son armée a été tout entière sur la ligne de retraite de Mack, et néanmoins une bonne partie de l'armée autrichienne s'est soustraite à la capitulation. Le général Mack n'a pu résister à la honte de sa défaite. Il nous a été donné à nous de voir notre armée se laissant couper comme à plaisir, de la voir enlevée tout entière et, pour combler nos maux, nous avons vu son chef comparer dans une proclamation, chef-d'œuvre de mensonge et d'insolence, la défense de Metz à celle de Gênes, de Dresde et de Dantzick.

N'admirons donc pas trop les manœuvres du maréchal de Moltke. Elles lui ont réussi à souhait, mais elles ne sont pas toutes des modèles à suivre. Elles ont leurs dangers. Sa manœuvre du 18 août à la bataille de Gravelotte ou Saint-Privat, fut encore plus dangereuse.

Le lendemain de la bataille de Rezonville fut employé par l'ennemi à se concentrer près de Mars-la-Tour, et par le maréchal Bazaine à aller prendre une position plus en arrière sur la ligne de Gravelotte—Amanvillers—Saint-Privat. Le 18 août au matin, l'armée prussienne commença devant notre front une marche de flanc perpendiculaire aux deux routes de Metz à Verdun. Elle devait terminer sa manœuvre par une conversion à droite, qui l'établirait face à notre ligne de bataille et nous couperait les deux routes. L'armée saxonne formait l'avant-garde de cette marche de flanc. Elle devait prolonger notre ligne, dépasser notre aile droite et, se rabattant sur elle, la tourner. Le même mouvement a été exécuté dans deux batailles célèbres par Frédéric II à Kolhn, par les Russes à Austerlitz. Frédéric II y perdit son armée, et, ajoute Napoléon : « Si le maréchal Daun ne s'était pas amusé dans son camp à chanter des *Te Deum*, il y eût perdu sa couronne et son honneur. » Pour la bataille d'Austerlitz, tout le monde sait que la fausse manœuvre des Russes leur fut inspirée par une ruse de Napoléon, qui ne craignit pas d'en annoncer l'effet à son armée dans une proclamation qui est une grande leçon d'art militaire. Aussi, lorsque les généraux français signalèrent au quartier général la marche de flanc de l'armée prussienne, plus d'un crut y voir la certitude de la victoire, le général de Ladmirault notamment. A l'annonce d'une manœuvre si imprévue, si heureuse pour lui, le maréchal Bazaine ne bouge pas de son quartier général de Plappeville. Plappeville, situé au pied des pentes qui descendent du plateau de Gravelotte, sur la Moselle, ne peut rien voir de ce qui se passe sur le plateau. Il ne faut qu'une demi-heure pour gravir ces pentes, mais le maréchal ne voulut pas faire cet effort, et cependant, dès midi, une épouvantable canonnade faisait retentir les échos, et le 18 comme le 16, la fausse manœuvre des Prussiens leur amenait des désastres. A trois heures, le IXe corps prussien battait en retraite ; à cinq heures, la garde royale était anéantie. Vers quatre heures et demie, le maréchal montait à cheval, examinait un instant le champ de bataille et rentrait une demi-heure après à son quartier général, disant que c'était un engagement sans importance. Le soir, notre droite tournée battait en retraite, mais fièrement. Le maréchal Canrobert, digne émule des Ney et des Masséna, tenait tête tout seul à l'ennemi, car la garde, ne recevant pas d'ordres du général en chef, restait inactive sur le champ de bataille et ne venait que tardivement, et sur l'initiative du général Bourbaki, au secours de notre aile droite.

Malgré l'absence criminelle du général en chef, nous avions maintenu nos positions ; un rude assaut livré contre notre aile gauche par deux corps d'armée lancés par le roi, le général Steinmetz, le maréchal de Moltke, un assaut furieux lancé au bruit de tous les tambours et de toutes les trompettes, au bruit de hourras retentissants à mesure que les troupes passaient sous les yeux du roi, échouait misérablement sans pouvoir arriver sur les lignes du général Frossard. Nous n'étions pas plus battus que l'avant-veille, et, comme l'avant-veille, l'armée reçut de son général en chef l'ordre d'abandonner ses positions et de venir camper sous les remparts de notre vieille citadelle.

La fortune de la France faisait ses premiers pas vers le précipice, conduite par la main qui aurait dû l'en préserver.

Paris. — Imprimerie L. BAUDOIN, 2, rue Christine.

www.ingramcontent.com/pod-product-compliance
Lightning Source LLC
Chambersburg PA
CBHW070712050426
42451CB00008B/619